MISCHMASCH

Emotionen & Gschichtn

Patti Armanini

Es wird darauf hingewiesen, dass alle Angaben in diesem Buch trotz sorgfältiger Bearbeitung ohne Gewähr erfolgen und dass eine Haftung des Autors oder des Verlages ausgeschlossen ist.

Redaktionelle Verarbeitung und Publizierung:
Patti Armanini
Buchsatz & Cover: Patti Armanini
Bilder: Patti Armanini
Herstellung und Verlag: BoD – Books on Demand, Norderstedt
ISBN 9783844806649

1. Auflage 2016

DIE AUTORIN

Patti Armanini, gebürtige Meranerin, Mutter, freischaffende Künstlerin & Schmuck-Designerin, Übersetzerin, lebt & arbeitet derzeit im schönen Ahrntal in Südtirol. Nach der Matura in Meran studierte sie Dolmetsch in Innsbruck, besuchte verschiedene Malkurse im In- & Ausland, schloss eine Werbegraphik-Ausbildung ab, stellt ihre Bilder seit 1996 im In- & Ausland mit Erfolg aus.

Patti Armanini
2016

http://www.patti-armanini.com

BÜCHER:

TIERGESCHICHTEN AUS SÜDTIROL

PFLASTERSTEINE

NIVES HEILUNG

MISCHMASCH

INHALT

MISCHMASCH

MISCHMASCH

MISCHMASCH

Crème ...

*besser oben schwimmen im scheinwerferlicht? in
einer welt von botox, schönheitschirurgie &
oberflächlichkeit?*

oder

*besser unten schwimmen in schatten & licht? in
einer welt voll alltagssorgen, kleinen
glücksmomenten & bodenständigkeit?*

besser

*solidarität & respekt unter gleichgesinnten
anstatt schadenfrohe neider hinter allen ecken*

*zufriedenheit & spirituelle werte, anstatt
machtgehabe in allen möglichen facetten*

schlussendlich

sind wir vor dem Herrgott eh alle gleich!

Die Sarnar & Die Puschtra

die sarnar leben im engen tal in noch
unberührter natur & in kleinen höfen
& teilweise noch wie annodazumal
da bis zuletzt keine straßen sind gewesen.

beim Gottesdienst in getrennten reihen sitzend
verweilen sie dann viel im wirtshaus drin
& bei guter laune & ein pures schnapsl trinkend
ihre stimme wie der schönste vogelsang auf erden
klingt.

auf tracht & traditionen wird großer wert gelegt
der umgang mit tieren wird nicht so gepflegt
& zum reisen ist es nie zu spät - das sarntal doch
weltweit im zentrum liegt als lokalität!

vergessen sind die bösen sarner witze
über ihren horizont
nur bei frauenangelegenheiten gibt's große hitze
wenn ein anderer ihren frauen zu nahe kommt!

9

die puschtra leben in noblen häusern
& reden & lachen laut & viel
& mausern sich bestens dank der touristen bis
hin zu ihrem ziel.

ob kronplatz oder sexten & burgen & seen
alle sind begeistert & wollen das pustertal bald
wiedersehn.

die puschtra sind im allgemeinen den meisten
weit voraus
& wirtschaftlich & innovativ machen sie den
anderen den garaus & auch im sport
wo viele asse auf den podien brillieren
da können andere ihre skier noch lange
schmieren!

die puschtra fahren bevorzugt in imposanten
karossen & possen überall wo's geht, nicht
unbedingt nur frauen zu imponieren, sondern
weil sich in ihrer vorstellung alles um sie dreht.

andere sind fleißig & arbeiten schnell & viel
sie sind bescheiden & leben mit der natur in
harmonie.

gemeinsam haben die sarnar & puschtra die
sympathie
die vielen kinder, die schönen täler & die
strategie
es viele sarner zum hochzeit feiern ins pustertal
noch zieht.

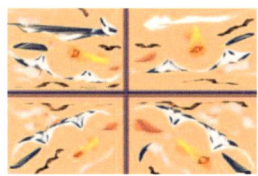

Das neue Restaurant

dubioses klein geschnetzeltes fleisch in den
sojanudeln drin, im neu eröffneten, zentralen
feinen china-japan-restaurant, derzeit in.

riesenauswahl an lecker aussehenden gerichten
als sie erfuhr, dass der chefkoch aus südchina
stammte, wo jedes tier mit dem rücken zur sonne
gehend, gekocht & verzehrt wurde.

als sie die kassiererin & ehefrau darauf
aufmerksam machte, dass im aquarium ein toter
goldfisch an der oberfläche schwamm & die
anderen in der grausigen gelatinebrühe ums
überleben kämpften, war es mit der sympathie
vorbei!

ihre rote kleidung war dabei einerlei.

ein koch verschwand mit ihren pilzen & algen

hinter verschlossener tür, bereitete ihr essen mit

einer faulen süßlich pikanten eiersauce zu, die sie

nichtsahnend & vertrauensvoll verspeiste ... der

dreiste!

drei tage lang lag sie mit bauchkrämpfen im bett

wenn sie doch nichts dort gegessen hätt!

die botschaft war eben überaus klar

dass sie im neuen restaurant ein äußerst

ungebetener & nicht gern gesehener gast war!

Du, Mensch!

*bemerkst du all die toten vögel & tiere an den
straßenrändern noch - die nie mehr ins nest
zurückfliegen & oft - das leid & alleinsein ihrer
menschen mindern?*

*oder die terrorisierten blicke jener, die sie zwecks
schächtung brutal & grob zum schlachthof
führen?*

mensch

*siehst du den aggressiven vater dort, wie er mit
voller wucht seinen unfolgsamen sohn auf die
erde niederdrückt? oder den perversen, der
seinem eigenen fleisch & blut die lebensfreude
für immer nimmt?*

mensch

siehst du den armen alten dort, wie er mit
schmerzerfülltem blick die schwere tasche trägt?
oder die ängstliche scheue frau mit blauem auge
die niemand kennt & der niemand hilft?

mensch

siehst du den bettelnden verzweifelten
hilfesuchenden vor dir, bräuchtest nur
zuzuhören, ein wenig zu geben von dir, um
seinen alltag zu erleichtern?

nein!

du mensch bist ein gewohnheitstier & hast nur
dich stets im visier
nimmst fast nichts mehr von deiner umwelt
wahr

was kümmern dich schon die probleme anderer?

...

Bergbauern

der bergbauer weise alles kennt von der natur
ein hartes leben weitab des konsumes führt
& viel zufriedener als der talbauer schlafen geht
für den die masse die kasse ist, nur rasch profit.

der bergbauer frühmorgens mit dem hahn
aufsteht & bis spätabends seinem harten job
nachgeht, er seine tiere alle beim namen nennt &
jede blume und pflanze sehr gut kennt &
für alles dem Herrgott tagtäglich dankt &
respektvoll umgeht, mit dem bissl, das er hat.

ein stiller beobachter in den ruhigen stunden
nach getaner arbeit auf den steilen wiesen
sogar mit steigeisen an den füßen
beim mähen, um nicht abzurutschen.

die frauen auch die schweren heuplanen tragen
& ihre kinder noch einen langen schulweg haben
& alle mithelfen, dass es weitergeht & und dass
ihr hof auch weiterhin besteht.

das sind die bauern, die echten, denen es zu
helfen gilt & nicht die unternehmer im tale, die
immer größer sind & sogar nachts im stall das
licht anlassen, auf dass die kühe noch mehr
fressen & und noch mehr milch ablassen.

Dritte Lebensphase

ja das war sie, die dritte lebensphase

in der man aufräumt & situationen mit distanz
abwägt

& jeden tag mit neuen wehwehchen aufsteht

& trotzdem couragiert im leben weitergeht.

Schwarze Locke

die kleine schwarze locke

auf seinem gebräunten nacken

die verloren geglaubten gefühle

nach der gelebten abstinenz

& die ernüchternde realität

es würde nie klappen

zu groß der unterschied

der längst vergangene lenz.

Tiramisù

ein labsal für die seele, was gestern geschah

gleich zwei liebe menschen

am selben tag.

eine frau, die tolle frau zu ihr sagte

ein mann, der gebückt ihre sorgen hörte

& ihr wieder aufhalf.

Die Bozner & Die Meraner

*die bozner deutscher muttersprache fühlen sich
als elite & besonders kultiviert*

*& sprechen eine sonderliche sprache
zwischen hochdeutsch und boznerisch.*

*das liebste ist den boznern das zentrum &
talferbett, mit ötzi & museen, ist das angebot
schon fast komplett.*

*verschiedene baustile ihre stadt prägen
architekten großes interesse dafür hegen - für
manch andere sie bloß ein dorn im auge sind.*

*die meraner bürger sind sehr stolz auf ihre stadt
geschichtsträchtiger tourimus machte diese
weltbekannt
sie leben noch im glauben, dass alles ist wie's
war & übersehen seit jahrzehnten
wie sich das stadtbild verändert hat.*

*das liebste den meranern die passerpromenade &
der tappeinerweg sind, aber auch die lauben
wo sich das leben der stadt abspielt.*

gemeinsam haben die bozner & meraner

den wunsch nach neuen schwung & erneuerung.

Die Mander

die mander sein zwider

sagt die bäurin entsetzt

nach all den jahren ehe

mit demselben mann im bett

Beste Freundin

ihre beste freundin zog aus liebe weg

gefolgt von ihrer mutter

die ihr besorgt folgte & bald darauf erkrankte

dorthin, wo sie dachte, ein besserer wind für sie
doch weht.

sporadische telefonate

& kein persönliches treffen mehr.

sie fühlte sich manchmal einsam

ihr blieb nur die erinnerung.

kein trost für sie die jährlichen

weihnachtsgeschenkspakete.

Kleiner Engel

nicht mal zwei jahre alt & schon gestorben!
zuhaus mit deinen geschwistern fühltest du dich
geborgen, nicht so unter fremden, das machte ihr
ziemlich sorgen.
ach, das war doch das behinderte kind
munkelten die leute, so als ob der tod für dich
vorherbestimmt gewesen wäre, nicht wissend,
dass die ärzte einen herzfehler feststellten & du
versuchskaninchen wurdest mit unsäglichen
beschwerden.
die leute meinten, dass es für dich so besser sei
vom leid erlöst zu werden, nicht so die, die voller
hoffnung tagtäglich für dich betete, deren herz
es rührte, wenn sie dich oft weinen hörte.

über den wert des lebens
leider nicht für alle dasselbe gilt.

Nachhilfe-Schüler

sehr lebendig deine augen

rasches zucken hin & her

& dir direkt in die augen schauen

tut heut sowieso fast keiner mehr.

dein charmantes lächeln

wird aller frauen herzen öffnen

auch wenn du die richtige

gefunden haben wirst.

viel glück für dein zukünftiges leben

mit deinem netten wesen

mögen sich deine pläne alle realisieren

du hast den stoff dazu.

wirst viele andere von der leiter fegen

so fair & aufrichtig, zielstrebig & klug!

Tränen

wirklich wehtun

kann dir nur jemand

den du ernsthaft liebst.

Weltkrieg

zuerst der 11. september
& dann der 13. november
– ein totalitäres system pochte an die tür -
an die tür der demokratischen und liberalen
werte, aber nicht nur.

man hätte es verhindern können, die großen
menschenfluten in gang zu setzen
allgemeines scheitern, als folge der eigenen
staats- & wirtschaftsinteressen.

wie so oft in der geschichte, aus der der mensch
nie lernte & fehler wiederholte.

der dritte weltkrieg hat begonnen, sagte der
papst
der heilige krieg, berichtigte ihn ein ehemaliger
attentäter.

Gott ist einer, meinte sie
die religionen viele
menschen machen fehler, aber alle wollen frieden.

der muslimische schwarze lachte nur grämig
& mit starrem blick kündigte er an
in kürze sei auch der papst bald dran.

wer die demokratie nie kennen lernte funktioniert
anders, ob moderat oder radikal.

die verteidigung unserer demokratischen werte
geht aber allem voran

auf dass unsere alten

nicht umsonst gestorben sind!

5 nach 12

*es ist fünf nach zwölf für die kreaturen dieser
erde, dank der politikermenschen kurzsichtigkeit.
mangelhafte nachhaltigkeit & nicht zu stoppende
begierde - kein wunder, dass mensch & natur
immer kranker werden, als winziges sandkorn im
makrokosmos verschwinden werden.*

*der mensch hat den ast, auf dem er sitzt, selbst
abgesägt, kein anderes lebewesen solch eine
dummheit jemals begehen würde!
der mensch, der sich über alles stellt, sofort
haben muss was ihm gefällt, ohne rücksicht auf
zukünftige generationen - er denkt wohl die
forschung wird schon zurechtbiegen & auch
vieles klonen.
der jet stream hat nun zugeschlagen, durch den
klimawandel bedingt, die obstbaumblüten
erfroren & das sogar noch ende april!
& die metereologen sagen, dass es nur die
eisheiligen sind, die leute sollen' s glauben, als
seien sie noch ein kleines kind.
ob dies der beginn einer neuen eiszeit ist?
tatsächlich wurde uns die erde nur geliehen
der mensch jedoch zu blöde, das zu verstehen.*

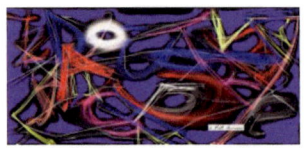

Fazit

kuhdreck ist butter

in den dörfern.

butter ist kuhdreck

in den städten.

Erwachen

nun war ihr klar

dass sie in ihrem leben

nie wirklich geliebt worden war

sie dieses manko mit der schönheit der natur

& altruismus & liebe kompensierte

& weshalb sie letzthin

zum übergewicht tendierte.

Bergwelt

so schön errötend die ersten sonnenstrahlen

frühmorgens auf die bergspitzen schauen

& später den blauen lauen

tag erleuchten

& paraglider ihre runden schwinge lüften

& im wald & ringsum sich alle küssen.

gesellt sich noch eine leichte brise dazu

fühlst du dich wie neugeboren, im nu

… lässt deine phantasie frei schweifen.

Momente

die glücklichsten & traurigsten momente

sind immer die leisesten

Morgenstunden

die frühen morgenstunden
sind die schönsten vom ganzen tag
wenn die reine luft so lieblich
in deine lungen dringen mag.
deine gedanken werden ganz klar.

hörst du dem vogelgezwitscher zu
in jeder tonleiter, so bunt gemischt
erhellt sich dein gemüt & du bist wieder frisch
& dann fragst du dich, wie ist es möglich

dass du der tiere sprache nicht verstehst?

der mensch so überheblich

sich immer über alles andere stellt?

Liebe ist ...

(...a.d ...)

da saß er munter vor seinem glas bier

der sternkreisgeborene stier

in seiner neuen bleibe.

wenn du schon so weit weg bist von mir

ruf mich doch an! würd ich halt meinen ...

ach was, entgegnete er

dein foto ist für mich völlig ausreichend!

33

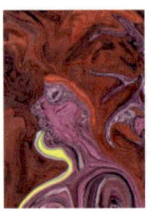

Die Prof

wie ein geladenes maschinengewehr

eiskalt & unbarmherzig & sehr formell

ratterterten die urteile wie kugeln aus ihr.

er sah zu boden

sie war luft.

Ein pedanter Bauer

- *das ist aber ein schönes auto!*

- *ja, sagten sie stolz, ihr neuer alfa!*

- *warum wechselt ihr die reifen nicht?*

- *wir werden die alten schon ersetzen, erwiderten sie*

- *seht ihr wie hier bei mir alles sauber ist?*

- *ja, sehen wir …, sehen wir!*

- *die fliegen habt nur ihr in der wohnung drin, ich hab keine einzige, & auch keine mäuse!*

- *seit du den misthaufen vor der haustür verräumt hast, ist das problem Gottseidank geringer …die hauswand draußen war nämlich schwarz, wo sie draufklebten die dinger - wie dünger!*

- *eure katzen stinken nach stall & mist, die fliegen sind ganz scharf drauf, saugen sich mit ihren rüsseln voll!*

35

- *na sieh mal an, wer da wohl spricht …
sind unsre katzen etwa nicht
willkommen? sie haben schon viele
mäuse heimgebracht! du denkst, du bist
hier wohl der saubermann, der in zwei
jahren erstmals bei sich geputzt &
aufgeräumt hat?*

- *wisst ihr, ihr lüftet in der stube nie, hab
kontrolliert, hab aufgepasst!*

- *wir lüften täglich, wenn's uns passt,
vor allem nachts! verstehst du?*

- *das ist ein altes haus, müsst täglich
lüften, sonst könnt ihr euch sehr gern
verpissen, klar?*

*als sie ihn fragten, ob er nicht zu kalt hätte,
im winter nur mit wollsocken hinaus auf
den schnee und auf's eis zu gehen, lautete
die antwort:*

*aber nein, wo denkt ihr hin! ich habe doch
bei den füßen eine dicke hirnhaut drin!*

… ;-)

Die Südtirolerinnen

ein großes lob den südtiroler frauen

ohne die nichts weiter geht

sei es daheim oder auch beim handeln

oder wenn's ums kindermachen geht.

bescheiden & fleißig & mutig sind sie

wertschätzen tut man sie hierzulande

aber fast nie!

*oft mit arroganten und präpotenten männern an
ihrer seite*

geht auf jeden fall kein mann neben ihnen pleite

in dieser vorherrschenden männergesellschaft

wo nur der mann offiziell alles schafft …

doch hinter jedem wichtigen manne

eine noch wichtigere frau steht

die in jeder situation weiß

wo's wirklich & richtig lang geht.

ob öffentliche angestellte

oder in benefizvereinen aktiv

die südtiroler frauen sind immer kollaborativ

& beim arbeiten äußerst präzis

agieren meist im hintergrund

& nehmen doch kein blatt vorm mund

wenn es darum geht, ihre meinung zu vertreten

& genauso wie die männer

den roten teppich irgendwann zu betreten

…

auch wenn dafür manchmal

vierzig oder fünzig jahre vergehen …

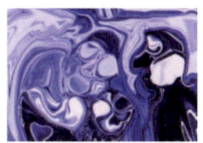

Ostern

zu ostern hat sie einen bruder verloren
nach dessen messerspitzgewetzten redeschwall
der sie zutiefst verletzte
& in ihren ohren jetzt noch widerhallt.

daraufhin seine wertlose entschuldigung, ohne
inhalt & gewähr.

der zerrissene bund & die abrupte änderung.

die ungerechtfertigten & brutalen vorwürfe
schmerzen sie noch immer sehr.

der druck im vulkan war immer stärker
geworden
bloß eine frage der zeit, bis zum ausbruch
desselben …

Frühling

frühlingsgefühle sind neu erwacht
& körperbewusstsein

trotz ausgeleierter batterien
& mauerblümchendasein.

lust auf leben & respektvoller zweisamkeit
& auf positiven neubeginn & zufriedenheit.

draußen emsiges treiben & vogelgezwitscher
& streit & grüne gräser & knospen &
weit und breit

... immer weniger bienen ...

klimawandel & die täglich negativen nachrichten
lassen leider nichts gutes für die zukunft erhoffen
& trotzdem ist frühling & dankbarkeit für's
leben

ein neues jahr ist wieder positiv in angriff zu
nehmen.

Urlaub

hängebusen mit bierbauch spazieren am strand
zwei zahnstocher mit körper dahinter
& sehr viele kinder & meer & sand.
eines gräbt jetzt ein tiefes loch
sein hintern ein einziges auf und ab
die anderen mit sand & muscheln spielen
& leider oft auch mit meerestieren!

der himmel bewölkt, die sonne scheint
bin weich gepolstert & fühle mich schwer.
möwen & turteltauben, wie leicht sie fliegen
dann plötzlich die abrupte änderung:
die strandhändler sind auf wanderung.

kaufst du einem etwas ab, werden es
halbstündlich jeweils drei.

sagst du nein, interessiert dich nicht

sagen sie ja & setzen sich
breiten ihre waren ohne zu fragen auf deinem
badetuch aus, alles nur anzuschauen, sagen sie,
sie gehen gleich!

kaum fällt dein blick auf ein objekt, haben sie es
sofort bemerkt und feilschen & lassen nicht mehr
los, bis du was gekauft hast im endeffekt.

jetzt sitzt du gemütlich auf dem balkon
hörst das leben, die laute musik
siehst die grauen getupften wolken am fetten
himmel stehn, die baukräne & passanten
& die bunten leuchtschriften glühn

& hinter den bäumen vernimmst du das alte
rhythmische beruhigende rauschen des meeres

ein niemals endendes geben & nehmen.

wie wundervoll!

.

Wurzeln

warum sind dörfler oft so grob

mit tier & landschaft & ihresgleichen?

den Herrgottswinkel hier verdient?

sie hegt da manchmal ihre zweifel…

auch wenn sie strikt

an ihren wurzeln hängt

sie ab und an im eignen land

sich manchmal fühlt wie eine fremde …

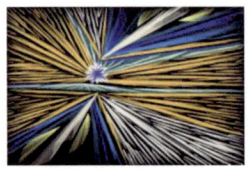

Die Rehkuh

die rehkuh überquerte plötzlich

aus dem nichts die straße

& strikt geradeaus

ins einzig noch übrig gebliebene

kleine wäldchen.

die frau am steuer konnte gerade noch bremsen

& der rehkuh & ihren kitzen

das allerbeste für ihre zukunft wünschen.

Kanon

ach, was war das für ein tolles konzert

das die drei hähne im kanon krähten!

derart schön & stimmig gemacht

dass alle des weges verzückt innehielten!

leider gibt's jetzt nur mehr den einen

der nur noch selten kräht

fehlen ihm auch sehr die anderen beiden

der lauf der zeit sich beim bauern leider so dreht.

Schnee

es gibt nichts schöneres als den schnee.

man riecht ihn in der luft

bevor er auf die erde fällt

das innerste voll ruh

die seele ist erquickt

so wie im sommer an der see

und für einen augenblick

den schmutz der menschen löscht.

Nichts zu tun

sie ist müde vom nichtstun

sagte er zu ihr, die sich überall einmischte.

sie hatte ihn zu viel verwöhnt

sodass er immer noch mehr ansprüche stellte

& nichts von ihrer arbeit schätzte

die sie tagtäglich

mit viel liebe & zuwendung

für ihn machte.

Kaffeeplausch

ab und zu traf sie ihn zufällig zum kaffeeplausch

positive präsenz für einen netten austausch

über Gott & die welt & die umwelt

& die alltäglichen sorgen.

vielleicht sehen uns wir ja wieder morgen

oder zufällig, wie sonst üblich

enger war's nicht möglich

da er schon vergeben war.

Stadt oder Dorf

verwöhnt sind die stadtler

ein großes angebot bieten & an kultur

nur …

lebensqualität gibt es nur mehr in den dörfern

& nicht mehr in der stadt

wo die leute im beton ersticken

& statt frischluft abgas tanken

viele haben's mittlerweile satt.

Distanz

unzufrieden hielt er aussicht nach einer anderen
die seine sinne wieder weckte & seine nöte füllte
da ihn seine nicht mehr wahrnahm wie er wollte
& die meiste zeit nur eigene interessen pflegte.

die hände gleich am hosenschritt
sein schwanken & sein begehrlicher langer blick
sobald sich ihm eine näherte.

er hatte eines tages auch erfolg
das glück aber nur eine kurze zeitlang währte
seine frau doch noch rechtzeitig spürte
was sich da gerade anbahnte
& wie ein wachhund ihn ab nun kontrollierte.

unglücklich & gelangweilt sein jetziger ausdruck
aufmerksam & sehr zuvorkommend ihr verhalten

für ihn ein allzulang schon dauernder spuk
für sie das ziel, ehe & sicherheit zu erhalten.

Glückliche Ehe

für sie hat sich die zeituhr nicht gedreht

in all den jahren ehe

denn wie bereits am hochzeitstag

sind sie noch jung & frisch geblieben.

er trägt noch seinen langen zopf

& ist mittlerweile in pension

sie einen netten bubikopf

mit einem rötlichen farbschimmerton.

handwerklich beide sehr begabt

& wie am ersten tag verliebt

leben sie seit eh und je

in perfekter symbiose & harmonie.

mögen sie noch viele gemeinsame jahre
glücklich verbringen

& sich in lieb weiterhin so gut ergänzen!

Mut

sie wurde von ihrem schulbus angefahren

als sie noch ein kleines kind war.

viele operationen musste sie ertragen

& ist nun behindert.

sie ließ sich jedoch nie unterkriegen

& machte das beste aus sich selbst

malen, schreiben, sticken & kreieren

das ihre täglichen glücksmomente sind

genauso wie der anblick von allen hunden

die sie über alles liebt

sie jeder im tale kennt & schätzt.

Das Grab

es war einmal ein ehemaliger hirte

der sich auf den bergen gut auskannte

& die besten preiselbeerplätzchen wusste.

der hirte versprach, ihr einige kilo mitzubringen

sie sollte sich bei ihm in einigen tagen melden

& würde sicher die besten von ihm erhalten!

nach einigen tagen fuhr sie zu ihm hinauf

kaufte ihm die wunderschönen preiselbeeren ab

daraufhin zeigte er ihr stolz sein großes haus

& den grabstein seiner mutter im garten.

verwundert fragte sie ihn, ob dort wirklich

seine mutter in ruhe & frieden ruht

worauf er sagte, er erspare sich so die spesen

für die priester & für den friedhof.

101 Jahre

während sie nebenan rote schnecken aufspießten
ging sie die mutter des nachbarn grüßen
eine über hundert jahre alte frau
die sich sehr über jede gesichtscrème freute
& auch über die aussicht auf die schönen pferde
& die tagtäglich die nachrichten im radio hörte.

noch bevor die schwiegertochter sie zu ihr führte
hatte die alte dame sie schon kommen gehört, die
stubentür jäh mit einem stockhieb aufgemacht -
& da saß sie, gepflegt, auf der warmen ofenbank.

eine so hübsche alte dame hatte sie noch nie
zuvor erblickt - ihr antlitz wie eine rosa rose,
erst erblüht!
während sie an der selbstgemachten roulade
genüsslich vorlieb nahm, erzählte sie:
ja, schwer waren sie gewesen, die alten zeiten
als sie mit näharbeiten über die runden kam
da ihr mann so früh verstorben war.
heiratschancen wären schon einige gewesen
doch den kindern zuliebe darauf verzichtet
& ihr Gottvertrauen hätte sie durchgebracht.
sie sei insgesamt zufrieden mit dem kargen leben
das sie führte, nur die beine seien etwas müde
& das augenlicht ein wenig trübe.

schade dass sie kurz darauf gestorben ist

solch wertvolle menschen
für viele andere ein beispiel sind.

Maria

maria ist ein herz & eine seele

wie der name auch schon sagt

hatte ein hartes leben

ist bäurin, überzeugt.

macht die besten tirtln

im ganzen land

rein der ausdruck ihrer augen

die seele daraus spricht.

ihrer gibt es selten

die zufrieden sind

glücklich sein ist wichtig

den lebenssinn erfasst.

&

glücklich schätze ich mich

ihr ein freund zu sein

zunehmend wird es schwierig

in dieser welt voll neid!

wünsche dir das allerbeste

& viele jahre glück

überflüssig sind die wörter

wenn das herz aus einem spricht.

Herrgottswinkel

ich will nicht den betörenden lärm hören
den der traktor des nachbarn seit langem macht
nichts von der straße weiter oben
die hinter dem wald bergauf verläuft.

will nur die schöne landschaft genießen
die angezuckerten bergspitzen sehn, den wald
die mulde dazwischen & dahinter den wasserfall
& ober mir am balken, das bewohnte vogelnest
& die kleinen vögel, bald flugbereit.

die vielen nuancen erfrischenden grüns
schmetterlinge auf unvergüllte wiesen stehn
schwalben auf mitte höh ihre runden drehn
& grillen in den wiesen um die wette zirpen.

ziehende wolken den wald auf's neue kleiden
blaue himmeltupfer mehr und mehr freilegen
& endlich hat auch der lärm aufgehört!

es bleiben nur noch die geräusche der natur
während eine katze mir gesellschaft leistet
& am spazierweg unten einige lautlos joggen
wahrlich ein Herrgottswinkel & eine seelenkur!

Pubertät

die pubertät ist keine leichte zeit
sowohl für eltern als auch für kinder.
dein kind dir oftmals kontra gibt & immer alles
besser weiß & manchmal auch mit argen worten.
sich hundert fragen stellt, sich sucht & auch die
welt & reifer wird & dich dann plötzlich sieht
mit anderen augen.

so rasch die jahre doch vergehn, so unvergesslich
wunderschön, die gemeinsam gelebten stunden.
auf einmal wollen sie weiterziehn, ihr leben leben
nach ihrem sinn, die nabelschnur wird
unterbrochen.

du bist der bogen, sie der pfeil, in richtung leben!

du wünschst ihnen herzlichst viel viel glück
der kreislauf wieder von vorn beginnt
du wieder sein wirst wie ein kind
das sie bemuttern werden.

doch vorher willst du noch sie glücklich sehen
unterm joch & vollzeitoma werden.

Henna

bildhübsch, die hochschwangere muslimin!
adrett & groß & ohne kopftuch, so lieblich
mit pinkfarbenem lippenstift & rosa leibchen
sie stolz der welt will ihren status zeigen.

ihr kleiner schlitzäugiger ehemann indes
aufmerksam ein auge auf den erstgebornen wirft
der traurig im autokarrussel drin sitzt
& langwimprig abwesend zu mir schaut.

der eltern gemüt allmählich auftaut
als sie meinen bewundernden blick bemerken &
ich hingeh, ihm was leckeres süßes zu schenken
& er es annimmt, ohne ausdruck zu wechseln.

sie hat ihre hände und finger mit henna verziert
trägt eine augenhalskette gegen den bösen blick
das blaue aug mich nun intensiv fixiert
meine augen blau, hab die botschaft kapiert!

ein schöner goldschmuck, stelle ich da fest
& dass die frau wohl sehr abergläubisch ist.

ich wünsche ihr trotzdem noch viel glück!

hauptaufgabe im leben & in ihrer kultur es ist
sehr viele jungen zu gebären
ihr runder großer bauch jedoch darauf hinweist
es könnte diesmal „nur" ein mädchen werden …

Raudis

zuerst die windschutzscheibe im visier
mit einer schraube loch und längsriss eingraviert
dann einer felge fette wimperhaare verpasst
& jetzt das scheinwerferglas kaputt gemacht!

heimtückisches nacheinander dieser zeichen
müssen die immer versteckt herumschleichen
& unentdeckt autos zerkratzen & beschädigen?

ja, die raudis sind unterwegs
mobben, zerstören nach herzenslust
halbstarkes unkraut & voller frust!
von den eltern oft noch unter schutz gestellt
schließlich leben wir ja in dieser welt
wo nur die stärksten sich behaupten …

arm die gesellschaft, die so was billigt
wo ethische werte verloren gingen
arm die zukunft dieser kinder
deren glück sie später nur schwer finden.

Kleine Biene

du sahst schon tot aus, kleines bienchen

mit gekrümmtem körper auf dem boden liegend

ich hob dich auf, du ein beinchen rührtest

die anderen auch, als du zuckerwasser erhieltest

& du deine zunge in den tropfen tauchtest

& langsam schlürftest

auch den honigtropfen

der dir die kraft gab, die du brauchtest

& du dich plötzlich zum flug erhobest.

Oberflächlichkeit

verzerrt ist deine welt

in der nur zählt, was glänzt

& du nichts anderes wahrnimmst

als das, was allein für dich gut ist.

Speedy

interessant, die einsame wasserschildkröte

wie sie agil tanzend den fingerbewegungen folgte

& mir dabei mit den augen oft zuzwinkerte

& mich fast wie eine schlange wahrnahm.

speedy, der arme, hat seine weibchen verloren

braucht nun viel wärme & aufmerksamkeit.

kalt ist's ihm in seinem aquarium geworden

menschlichkeit braucht er &ein leben zu zweit.

Kleider machen Leute ...

sie kommt von der stadt & hat gar nichts

die andere vom land & engagiert sich politisch

sie hat bildung, ist hilfsbereit & großzügig

die andere strahlt & glänzt nur äußerlich.

Bankomat

mal stecken plastikblumen in ihren haaren

mal hat sie einen sturzhelm aufgesetzt

schiebt vor sich her den rollator - einkaufswagen

einzigartig ist sie & immer gut aufgelegt!

die leute munkeln, sie sei nicht ganz normal

nicht wissend, dass sie besitzt den bankomat

problemlos eingibt ihre geheime zahl

genau weiß, was sie mag & nicht mag

& man nicht leichtfertig urteilen sollte

über eine originelle eigenwillige person

die die dinge im leben anders sieht

als das konventionelle oftmals vorgibt.

Kaminkehrer

er saß draußen in der bar & lächelte zufrieden

als sie gegenüber saß, den kaffee bestellte

sich in seinem aufrichtigen blick widerspiegelte

& daraufhin aufstand & ihm die hand schüttelte

da es heißt, dass kaminkehrer glück bringen.

warum das wahr ist, will sie nicht wissen.

jener tag tatsächlich glücklich ausklang

sie öfters kaminkehrer zu treffen wünschte

glück braucht jeder, doch sie besonders.

Hinterlassenschaft

manche hinterlassen einen scherbenhaufen

wenn sie anderswo hinziehen

andere wiederum viel gutes

& bewusstseinsbildung der bevölkerung

merken tun sie's aber erst

wenn du nicht mehr da bist.

Szene

die mundwinkel tief nach unten gezogen
ging's die längste zeit darum, auszusuchen
welcher platz wohl der beste zum sitzen wäre
& wo's in der gartenlaube am wenigsten ziehe.
schöne plätze gab es ja so viele, kontroversen mit
der tochter zur genüge, in dem netten kleinen
aber feinen restaurant.

er behielt recht, setzte sich an den tisch daneben
die tochter & die kinder sich sogleich erhoben.
dann wurde die speisekarte ordentlich studiert
preis und angebot ausgiebig kontrolliert.
bestellt wurden vom opa bloß zwei gerichte
die für alle viere reichen mussten
& nach jedem hastig verzehrten stück
schmatzte er heftig & lang, die tochter mit.

dann wurde getauscht und noch diskutiert
wer noch bekomme den letzten rest.
die beiden kinder hatten glück!
der geizige opa aß mit den augen mit
während der langbärtige ober auf saloppe art
seinen hintern beim gehen hin & her schwenkte
als ihn eine hübsche rothaarige frau
von seinem arbeitsdienst ablenkte.